Name	
Address	
Contact No.	
Email	
Book Number	
Book Continued From	
Book Start Date	
Book End Date	

Date:	Time:	Field:

Team		Opponent	
Coach		Coach	

	No.	Starters	Pos.		No.	Substitutes	Pos.
1							
2							
3							
4							
5							
6							
7							
8							
9							
10							
11							
12							
13							
14							
15							
16							
17							
18							
19							

Notes:

| Home: | | | Date: | | | Umpire: | |
| Away: | | | Location: | | | Scorer: | |

No#	Players	Pos	1	2	3	4	5	6	7	8	9	10	AB	H	BB	RBI	R			

Totals

	1	2	3	4	5	6	7	8	9	10
Runs										
Hits										
Errors										
Left on Base										

#	Pitchers	W/L/S	IP	H	R	ER	BB	SO	HB	BK	WP	TBF	#	Catchers	PB

Umpires		Notes:
HP:	1B:	
2B:	3B:	

Date:	Time:	Field:

Team	Opponent
Coach	Coach

	No.	Starters	Pos.		No.	Substitutes	Pos.
1							
2							
3							
4							
5							
6							
7							
8							
9							
10							
11							
12							
13							
14							
15							
16							
17							
18							
19							

Notes:

Home:			Date:			Umpire:		
Away:			Location:			Scorer:		

No#	Players	Pos	1	2	3	4	5	6	7	8	9	10	AB	H	BB	RBI	R		
													Totals						

	1	2	3	4	5	6	7	8	9	10
Runs										
Hits										
Errors										
Left on Base										

#	Pitchers	W/L/S	IP	H	R	ER	BB	SO	HB	BK	WP	TBF	#	Catchers	PB

Umpires		Notes:
HP:	1B:	
2B:	3B:	

Date:	Time:	Field:

Team	Opponent
Coach	Coach

	No.	Starters	Pos.		No.	Substitutes	Pos.
1							
2							
3							
4							
5							
6							
7							
8							
9							
10							
11							
12							
13							
14							
15							
16							
17							
18							
19							

Notes:

Home:			Date:				Umpire:	
Away:			Location:				Scorer:	

No#	Players	Pos	1	2	3	4	5	6	7	8	9	10	AB	H	BB	RBI	R			

Totals

	1	2	3	4	5	6	7	8	9	10
Runs										
Hits										
Errors										
Left on Base										

#	Pitchers	W/L/S	IP	H	R	ER	BB	SO	HB	BK	WP	TBF	#	Catchers	PB

Umpires		Notes:
HP:	1B:	
2B:	3B:	

Date:	Time:	Field:

Team	Opponent
Coach	Coach

	No.	Starters	Pos.
1			
2			
3			
4			
5			
6			
7			
8			
9			
10			
11			
12			
13			
14			
15			
16			
17			
18			
19			

No.	Substitutes	Pos.

Notes:

| Home: | | Date: | | Umpire: |
| Away: | | Location: | | Scorer: |

No#	Players	Pos	1	2	3	4	5	6	7	8	9	10	AB	H	BB	RBI	R			
																			Totals	

	1	2	3	4	5	6	7	8	9	10
Runs										
Hits										
Errors										
Left on Base										

#	Pitchers	W/L/S	IP	H	R	ER	BB	SO	HB	BK	WP	TBF	#	Catchers	PB

Umpires	
HP:	1B:
2B:	3B:

Notes: _____
_____
_____

Date:	Time:	Field:

Team	
Team	
Coach	

Opponent	
Opponent	
Coach	

	No.	Starters	Pos.
1			
2			
3			
4			
5			
6			
7			
8			
9			
10			
11			
12			
13			
14			
15			
16			
17			
18			
19			

No.	Substitutes	Pos.

Notes: _____
_____
_____
_____
_____

Home: | Date: | Umpire:
Away: | Location: | Scorer:

No#	Players	Pos	1	2	3	4	5	6	7	8	9	10	AB	H	BB	RBI	R		

Totals

	1	2	3	4	5	6	7	8	9	10
Runs										
Hits										
Errors										
Left on Base										

#	Pitchers	W/L/S	IP	H	R	ER	BB	SO	HB	BK	WP	TBF	#	Catchers	PB

Umpires		Notes:
HP:	HB:	
2B:	3B:	

Date:	Time:	Field:

Team		Opponent	
Coach		Coach	

	No.	Starters	Pos.		No.	Substitutes	Pos.
1							
2							
3							
4							
5							
6							
7							
8							
9							
10							
11							
12							
13							
14							
15							
16							
17							
18							
19							

Notes: _____

_____

_____

_____

_____

Home:		Date:		Umpire:
Away:		Location:		Scorer:

No#	Players	Pos	1	2	3	4	5	6	7	8	9	10	AB	H	BB	RBI	R			

Totals

	1	2	3	4	5	6	7	8	9	10
Runs										
Hits										
Errors										
Left on Base										

#	Pitchers	W/L/S	IP	H	R	ER	BB	SO	HB	BK	WP	TBF	#	Catchers	PB

Umpires	
HP:	1B:
2B:	3B:

Notes: _____
_____
_____

Date:	Time:	Field:

Team		Opponent	
Coach		Coach	

	No.	Starters	Pos.
1			
2			
3			
4			
5			
6			
7			
8			
9			
10			
11			
12			
13			
14			
15			
16			
17			
18			
19			

No.	Substitutes	Pos.

Notes: _____

_____

_____

_____

Home:			Date:			Umpire:		
Away:			Location:			Scorer:		

No#	Players	Pos	1	2	3	4	5	6	7	8	9	10	AB	H	BB	RBI	R			
													Totals						

	1	2	3	4	5	6	7	8	9	10
Runs										
Hits										
Errors										
Left on Base										

#	Pitchers	W/L/S	IP	H	R	ER	BB	SO	HB	BK	WP	TBF	#	Catchers	PB

Umpires		Notes:
HP:	1B:	
2B:	3B:	

Date:	Time:	Field:

Team		Opponent	
Coach		Coach	

	No.	Starters	Pos.		No.	Substitutes	Pos.
1							
2							
3							
4							
5							
6							
7							
8							
9							
10							
11							
12							
13							
14							
15							
16							
17							
18							
19							

Notes:

Home:			Date:				Umpire:		
Away:			Location:				Scorer:		

No#	Players	Pos	1	2	3	4	5	6	7	8	9	10	AB	H	BB	RBI	R			

Totals

	1	2	3	4	5	6	7	8	9	10
Runs										
Hits										
Errors										
Left on Base										

#	Pitchers	W/L/S	IP	H	R	ER	BB	SO	HB	BK	WP	TBF	#	Catchers	PB

Umpires		Notes:
HP:	1B:	
2B:	3B:	

Date:	Time:	Field:

Team		Opponent	
Coach		Coach	

	No.	Starters	Pos.		No.	Substitutes	Pos.
1							
2							
3							
4							
5							
6							
7							
8							
9							
10							
11							
12							
13							
14							
15							
16							
17							
18							
19							

Notes:
_____
_____
_____
_____
_____

Home:			Date:			Umpire:		
Away:			Location:			Scorer:		

No#	Players	Pos	1	2	3	4	5	6	7	8	9	10	AB	H	BB	RBI	R			

Totals

	1	2	3	4	5	6	7	8	9	10
Runs										
Hits										
Errors										
Left on Base										

#	Pitchers	W/L/S	IP	H	R	ER	BB	SO	HB	BK	WP	TBF	#	Catchers	PB

Umpires		Notes:
HP:	1B:	
2B:	3B:	

	Date:		Time:		Field:	

	Team		Opponent	
	Coach		Coach	

	No.	Starters	Pos.		No.	Substitutes	Pos.
1							
2							
3							
4							
5							
6							
7							
8							
9							
10							
11							
12							
13							
14							
15							
16							
17							
18							
19							

Notes:

Home:			Date:			Umpire:		
Away:			Location:			Scorer:		

No#	Players	Pos	1	2	3	4	5	6	7	8	9	10	AB	H	BB	RBI	R			
											Totals								

	1	2	3	4	5	6	7	8	9	10
Runs										
Hits										
Errors										
Left on Base										

#	Pitchers	W/L/S	IP	H	R	ER	BB	SO	HB	BK	WP	TBF	#	Catchers	PB

Umpires		Notes:
HP:	1B:	
2B:	3B:	

Date:	Time:	Field:

Team		Opponent	
Coach		Coach	

	No.	Starters	Pos.		No.	Substitutes	Pos.
1							
2							
3							
4							
5							
6							
7							
8							
9							
10							
11							
12							
13							
14							
15							
16							
17							
18							
19							

Notes: _____

_____

_____

_____

_____

Home:			Date:					Umpire:		
Away:			Location:					Scorer:		

No#	Players	Pos	1	2	3	4	5	6	7	8	9	10	AB	H	BB	RBI	R		
													Totals					

	1	2	3	4	5	6	7	8	9	10
Runs										
Hits										
Errors										
Left on Base										

#	Pitchers	W/L/S	IP	H	R	ER	BB	SO	HB	BK	WP	TBF	#	Catchers	PB

Umpires		Notes:
HP:	1B:	
2B:	3B:	

Date:	Time:	Field:

Team	Opponent
Coach	Coach

	No.	Starters	Pos.		No.	Substitutes	Pos.
1							
2							
3							
4							
5							
6							
7							
8							
9							
10							
11							
12							
13							
14							
15							
16							
17							
18							
19							

Notes:

| | | | 1 | 2 | 3 | 4 | 5 | 6 | 7 | 8 | 9 | 10 | AB | H | BB | RBI | R | | |

Home: Date: Umpire:

Away: Location: Scorer:

No#	Players	Pos	1	2	3	4	5	6	7	8	9	10	AB	H	BB	RBI	R		

Totals

	1	2	3	4	5	6	7	8	9	10
Runs										
Hits										
Errors										
Left on Base										

#	Pitchers	W/L/S	IP	H	R	ER	BB	SO	HB	BK	WP	TBF	#	Catchers	PB

Umpires		Notes:
HP:	1B:	
2B:	3B:	

Date:	Time:	Field:

Team		Opponent	
Coach		Coach	

	No.	Starters	Pos.		No.	Substitutes	Pos.
1							
2							
3							
4							
5							
6							
7							
8							
9							
10							
11							
12							
13							
14							
15							
16							
17							
18							
19							

Notes:

			Home:		Date:		Umpire:	
			Away:		Location:		Scorer:	

No#	Players	Pos	1	2	3	4	5	6	7	8	9	10	AB	H	BB	RBI	R			
												Totals								

	1	2	3	4	5	6	7	8	9	10
Runs										
Hits										
Errors										
Left on Base										

#	Pitchers	W/L/S	IP	H	R	ER	BB	SO	HB	BK	WP	TBF	#	Catchers	PB

Umpires	
HP:	1B:
2B:	3B:

Notes: _____
_____
_____

Date:	Time:	Field:

Team		Opponent	
Coach		Coach	

	No.	Starters	Pos.		No.	Substitutes	Pos.
1							
2							
3							
4							
5							
6							
7							
8							
9							
10							
11							
12							
13							
14							
15							
16							
17							
18							
19							

Notes:

			Home:		Date:			Umpire:		
			Away:		Location:			Scorer:		

No#	Players	Pos	1	2	3	4	5	6	7	8	9	10	AB	H	BB	RBI	R		
														Totals				

	1	2	3	4	5	6	7	8	9	10
Runs										
Hits										
Errors										
Left on Base										

#	Pitchers	W/L/S	IP	H	R	ER	BB	SO	HB	BK	WP	TBF	#	Catchers	PB

Umpires		Notes: _____
HP:	1B:	_____
2B:	3B:	_____

Date:	Time:	Field:

Team	Opponent
Coach	Coach

	No.	Starters	Pos.		No.	Substitutes	Pos.
1							
2							
3							
4							
5							
6							
7							
8							
9							
10							
11							
12							
13							
14							
15							
16							
17							
18							
19							

Notes:

Home:				Date:			Umpire:		
Away:				Location:			Scorer:		

No#	Players	Pos	1	2	3	4	5	6	7	8	9	10	AB	H	BB	RBI	R			

Totals

	1	2	3	4	5	6	7	8	9	10
Runs										
Hits										
Errors										
Left on Base										

#	Pitchers	W/L/S	IP	H	R	ER	BB	SO	HB	BK	WP	TBF	#	Catchers	PB

Umpires		Notes: _____
HP:	1B:	_____
2B:	3B:	_____

Date:	Time:	Field:

Team		Opponent	
Coach		Coach	

	No.	Starters	Pos.
1			
2			
3			
4			
5			
6			
7			
8			
9			
10			
11			
12			
13			
14			
15			
16			
17			
18			
19			

No.	Substitutes	Pos.

Notes:

Home:			Date:		Umpire:	
Away:			Location:		Scorer:	

No#	Players	Pos	1	2	3	4	5	6	7	8	9	10	AB	H	BB	RBI	R			
															Totals				

	1	2	3	4	5	6	7	8	9	10
Runs										
Hits										
Errors										
Left on Base										

#	Pitchers	W/L/S	IP	H	R	ER	BB	SO	HB	BK	WP	TBF	#	Catchers	PB

Umpires		Notes:
HP:	1B:	
2B:	3B:	

Date:	Time:	Field:

Team	Opponent
Coach	Coach

	No.	Starters	Pos.
1			
2			
3			
4			
5			
6			
7			
8			
9			
10			
11			
12			
13			
14			
15			
16			
17			
18			
19			

No.	Substitutes	Pos.

Notes: _____
_____
_____
_____
_____

			Home:		Date:			Umpire:		
			Away:		Location:			Scorer:		

No#	Players	Pos	1	2	3	4	5	6	7	8	9	10	AB	H	BB	RBI	R			
													Totals							

	1	2	3	4	5	6	7	8	9	10
Runs										
Hits										
Errors										
Left on Base										

#	Pitchers	W/L/S	IP	H	R	ER	BB	SO	HB	BK	WP	TBF	#	Catchers	PB

Umpires	
HP:	1B:
2B:	3B:

Notes: _____
_____
_____

	Date:		Time:		Field:	

Team	
Coach	

Opponent	
Coach	

	No.	Starters	Pos.
1			
2			
3			
4			
5			
6			
7			
8			
9			
10			
11			
12			
13			
14			
15			
16			
17			
18			
19			

No.	Substitutes	Pos.

Notes:

Home:		Date:		Umpire:	
Away:		Location:		Scorer:	

No#	Players	Pos	1	2	3	4	5	6	7	8	9	10	AB	H	BB	RBI	R			

Totals

	1	2	3	4	5	6	7	8	9	10
Runs										
Hits										
Errors										
Left on Base										

#	Pitchers	W/L/S	IP	H	R	ER	BB	SO	HB	BK	WP	TBF	#	Catchers	PB

Umpires		Notes:
HP:	1B:	
2B:	3B:	

Date:	Time:	Field:

Team		Opponent	
Coach		Coach	

	No.	Starters	Pos.		No.	Substitutes	Pos.
1							
2							
3							
4							
5							
6							
7							
8							
9							
10							
11							
12							
13							
14							
15							
16							
17							
18							
19							

Notes:

Home:			Date:			Umpire:	
Away:			Location:			Scorer:	

No#	Players	Pos	1	2	3	4	5	6	7	8	9	10	AB	H	BB	RBI	R			
													Totals						

	1	2	3	4	5	6	7	8	9	10
Runs										
Hits										
Errors										
Left on Base										

#	Pitchers	W/L/S	IP	H	R	ER	BB	SO	HB	BK	WP	TBF	#	Catchers	PB

Umpires		Notes: _____
HP:	1B:	_____
2B:	3B:	_____

Date:	Time:	Field:

Team	Opponent
Coach	Coach

	No.	Starters	Pos.		No.	Substitutes	Pos.
1							
2							
3							
4							
5							
6							
7							
8							
9							
10							
11							
12							
13							
14							
15							
16							
17							
18							
19							

Notes:

| Home: | | Date: | | Umpire: |
| Away: | | Location: | | Scorer: |

No#	Players	Pos	1	2	3	4	5	6	7	8	9	10	AB	H	BB	RBI	R			

Totals

	1	2	3	4	5	6	7	8	9	10
Runs										
Hits										
Errors										
Left on Base										

#	Pitchers	W/L/S	IP	H	R	ER	BB	SO	HB	BK	WP	TBF	#	Catchers	PB

Umpires		Notes:
HP:	1B:	
2B:	3B:	

Date:	Time:	Field:

Team	Opponent
Coach	Coach

	No.	Starters	Pos.		No.	Substitutes	Pos.
1							
2							
3							
4							
5							
6							
7							
8							
9							
10							
11							
12							
13							
14							
15							
16							
17							
18							
19							

Notes: _____
_____
_____
_____

Home:			Date:			Umpire:
Away:			Location:			Scorer:

No#	Players	Pos	1	2	3	4	5	6	7	8	9	10	AB	H	BB	RBI	R			
																Totals			

	1	2	3	4	5	6	7	8	9	10
Runs										
Hits										
Errors										
Left on Base										

#	Pitchers	W/L/S	IP	H	R	ER	BB	SO	HB	BK	WP	TBF	#	Catchers	PB

Umpires	
HP:	1B:
2B:	3B:

Notes:

Date:		Time:		Field:	

Team		Opponent	
Coach		Coach	

	No.	Starters	Pos.		No.	Substitutes	Pos.
1							
2							
3							
4							
5							
6							
7							
8							
9							
10							
11							
12							
13							
14							
15							
16							
17							
18							
19							

Notes:

Home:			Date:			Umpire:		
Away:			Location:			Scorer:		

No#	Players	Pos	1	2	3	4	5	6	7	8	9	10	AB	H	BB	RBI	R			
													Totals							

	1	2	3	4	5	6	7	8	9	10
Runs										
Hits										
Errors										
Left on Base										

#	Pitchers	W/L/S	IP	H	R	ER	BB	SO	HB	BK	WP	TBF	#	Catchers	PB

Umpires		Notes:
HP:	1B:	
2B:	3B:	

Date:	Time:	Field:

Team		Opponent	
Coach		Coach	

	No.	Starters	Pos.		No.	Substitutes	Pos.
1							
2							
3							
4							
5							
6							
7							
8							
9							
10							
11							
12							
13							
14							
15							
16							
17							
18							
19							

Notes:

| | | | Home: | | | Date: | | | | Umpire: | | | |
| | | | Away: | | | Location: | | | | Scorer: | | | |

No#	Players	Pos	1	2	3	4	5	6	7	8	9	10	AB	H	BB	RBI	R			
																			Totals	

	1	2	3	4	5	6	7	8	9	10
Runs										
Hits										
Errors										
Left on Base										

#	Pitchers	W/L/S	IP	H	R	ER	BB	SO	HB	BK	WP	TBF	#	Catchers	PB

Umpires		Notes:
HP:	1B:	
2B:	3B:	

Date:	Time:	Field:

Team	Opponent
Coach	Coach

	No.	Starters	Pos.		No.	Substitutes	Pos.
1							
2							
3							
4							
5							
6							
7							
8							
9							
10							
11							
12							
13							
14							
15							
16							
17							
18							
19							

Notes: _____

_____

_____

_____

_____

No#	Players	Pos	1	2	3	4	5	6	7	8	9	10	AB	H	BB	RBI	R		
												Totals						

	1	2	3	4	5	6	7	8	9	10
Runs										
Hits										
Errors										
Left on Base										

#	Pitchers	W/L/S	IP	H	R	ER	BB	SO	HB	BK	WP	TBF	#	Catchers	PB

Umpires	
HP:	1B:
2B:	3B:

Home: Date: Umpire:
Away: Location: Scorer:

Notes: _____
_____
_____

	Date:	Time:	Field:

Team	Opponent
Coach	Coach

	No.	Starters	Pos.		No.	Substitutes	Pos.
1							
2							
3							
4							
5							
6							
7							
8							
9							
10							
11							
12							
13							
14							
15							
16							
17							
18							
19							

Notes:

Home:			Date:			Umpire:	
Away:			Location:			Scorer:	

No#	Players	Pos	1	2	3	4	5	6	7	8	9	10	AB	H	BB	RBI	R			
													Totals						

	1	2	3	4	5	6	7	8	9	10
Runs										
Hits										
Errors										
Left on Base										

#	Pitchers	W/L/S	IP	H	R	ER	BB	SO	HB	BK	WP	TBF	#	Catchers	PB

Umpires		Notes: _____
HP:	1B:	_____
2B:	3B:	_____

Date:	Time:	Field:

Team	Opponent
Coach	Coach

	No.	Starters	Pos.
1			
2			
3			
4			
5			
6			
7			
8			
9			
10			
11			
12			
13			
14			
15			
16			
17			
18			
19			

No.	Substitutes	Pos.

Notes:

Home:			Date:			Umpire:										
Away:			Location:			Scorer:										

No#	Players	Pos	1	2	3	4	5	6	7	8	9	10	AB	H	BB	RBI	R			

Totals

	1	2	3	4	5	6	7	8	9	10
Runs										
Hits										
Errors										
Left on Base										

#	Pitchers	W/L/S	IP	H	R	ER	BB	SO	HB	BK	WP	TBF	#	Catchers	PB

Umpires		Notes:
HP:	1B:	
2B:	3B:	

Date:	Time:	Field:

Team	Opponent
Coach	Coach

	No.	Starters	Pos.
1			
2			
3			
4			
5			
6			
7			
8			
9			
10			
11			
12			
13			
14			
15			
16			
17			
18			
19			

No.	Substitutes	Pos.

Notes: _____

_____

_____

_____

_____

Home:		Date:		Umpire:	
Away:		Location:		Scorer:	

No#	Players	Pos	1	2	3	4	5	6	7	8	9	10	AB	H	BB	RBI	R			
														Totals					

	1	2	3	4	5	6	7	8	9	10
Runs										
Hits										
Errors										
Left on Base										

#	Pitchers	W/L/S	IP	H	R	ER	BB	SO	HB	BK	WP	TBF	#	Catchers	PB

Umpires	
HP:	1B:
2B:	3B:

Notes: _____
_____
_____

Date:	Time:	Field:

Team	Opponent
Coach	Coach

	No.	Starters	Pos.
1			
2			
3			
4			
5			
6			
7			
8			
9			
10			
11			
12			
13			
14			
15			
16			
17			
18			
19			

No.	Substitutes	Pos.

Notes: _____

_____

_____

_____

_____

Home:			Date:			Umpire:	
Away:			Location:			Scorer:	

No#	Players	Pos	1	2	3	4	5	6	7	8	9	10	AB	H	BB	RBI	R			
												Totals							

	1	2	3	4	5	6	7	8	9	10
Runs										
Hits										
Errors										
Left on Base										

#	Pitchers	W/L/S	IP	H	R	ER	BB	SO	HB	BK	WP	TBF	#	Catchers	PB

Umpires		Notes:
HP:	1B:	
2B:	3B:	

	Date:		Time:		Field:	

Team	Opponent
Coach	Coach

	No.	Starters	Pos.		No.	Substitutes	Pos.
1							
2							
3							
4							
5							
6							
7							
8							
9							
10							
11							
12							
13							
14							
15							
16							
17							
18							
19							

Notes:

Home: Date: Umpire:

Away: Location: Scorer:

No#	Players	Pos	1	2	3	4	5	6	7	8	9	10	AB	H	BB	RBI	R			

Totals

	1	2	3	4	5	6	7	8	9	10
Runs										
Hits										
Errors										
Left on Base										

#	Pitchers	W/L/S	IP	H	R	ER	BB	SO	HB	BK	WP	TBF	#	Catchers	PB

Umpires		Notes:
HP:	1B:	
2B:	3B:	

Date:	Time:	Field:

Team	Opponent
Coach	Coach

	No.	Starters	Pos.		No.	Substitutes	Pos.
1							
2							
3							
4							
5							
6							
7							
8							
9							
10							
11							
12							
13							
14							
15							
16							
17							
18							
19							

Notes: _____

_____

_____

_____

_____

Home:		Date:		Umpire:	
Away:		Location:		Scorer:	

No#	Players	Pos	1	2	3	4	5	6	7	8	9	10	AB	H	BB	RBI	R			
													Totals						

	1	2	3	4	5	6	7	8	9	10
Runs										
Hits										
Errors										
Left on Base										

#	Pitchers	W/L/S	IP	H	R	ER	BB	SO	HB	BK	WP	TBF	#	Catchers	PB

Umpires		Notes:
HP:	1B:	
2B:	3B:	

Date:	Time:	Field:

Team	Opponent
Coach	Coach

	No.	Starters	Pos.
1			
2			
3			
4			
5			
6			
7			
8			
9			
10			
11			
12			
13			
14			
15			
16			
17			
18			
19			

No.	Substitutes	Pos.

Notes: _____
_____
_____
_____
_____

			Home:			Date:				Umpire:		
			Away:			Location:				Scorer:		

No#	Players	Pos	1	2	3	4	5	6	7	8	9	10	AB	H	BB	RBI	R			

Totals

	1	2	3	4	5	6	7	8	9	10
Runs										
Hits										
Errors										
Left on Base										

#	Pitchers	W/L/S	IP	H	R	ER	BB	SO	HB	BK	WP	TBF	#	Catchers	PB

Umpires	
HP:	1B:
2B:	3B:

Notes: _____
_____
_____

Date:	Time:	Field:

Team		Opponent	
Coach		Coach	

	No.	Starters	Pos.		No.	Substitutes	Pos.
1							
2							
3							
4							
5							
6							
7							
8							
9							
10							
11							
12							
13							
14							
15							
16							
17							
18							
19							

Notes: _____

_____

_____

_____

_____

Home:	Date:	Umpire:
Away:	Location:	Scorer:

No#	Players	Pos	1	2	3	4	5	6	7	8	9	10	AB	H	BB	RBI	R			

Totals

	1	2	3	4	5	6	7	8	9	10
Runs										
Hits										
Errors										
Left on Base										

#	Pitchers	W/L/S	IP	H	R	ER	BB	SO	HB	BK	WP	TBF	#	Catchers	PB

Umpires		Notes: _____
HP:	1B:	_____
2B:	3B:	_____

	Date:		Time:		Field:	

Team		Opponent	
Coach		Coach	

	No.	Starters	Pos.		No.	Substitutes	Pos.
1							
2							
3							
4							
5							
6							
7							
8							
9							
10							
11							
12							
13							
14							
15							
16							
17							
18							
19							

Notes:

	Home:		Date:		Umpire:	
	Away:		Location:		Scorer:	

No#	Players	Pos	1	2	3	4	5	6	7	8	9	10	AB	H	BB	RBI	R		
														Totals					

	1	2	3	4	5	6	7	8	9	10
Runs										
Hits										
Errors										
Left on Base										

#	Pitchers	W/L/S	IP	H	R	ER	BB	SO	HB	BK	WP	TBF	#	Catchers	PB

Umpires		Notes:
HP:	1B:	
2B:	3B:	

Date:	Time:	Field:

Team	Opponent
Coach	Coach

	No.	Starters	Pos.		No.	Substitutes	Pos.
1							
2							
3							
4							
5							
6							
7							
8							
9							
10							
11							
12							
13							
14							
15							
16							
17							
18							
19							

Notes:

Home:				Date:					Umpire:					
Away:				Location:					Scorer:					

No#	Players	Pos	1	2	3	4	5	6	7	8	9	10	AB	H	BB	RBI	R			
															Totals					

	1	2	3	4	5	6	7	8	9	10
Runs										
Hits										
Errors										
Left on Base										

#	Pitchers	W/L/S	IP	H	R	ER	BB	SO	HB	BK	WP	TBF	#	Catchers	PB

Umpires		Notes: _____
HP:	1B:	_____
2B:	3B:	_____

Date:	Time:	Field:

Team	Opponent
Coach	Coach

	No.	Starters	Pos.
1			
2			
3			
4			
5			
6			
7			
8			
9			
10			
11			
12			
13			
14			
15			
16			
17			
18			
19			

No.	Substitutes	Pos.

Notes:

			Home:		Date:			Umpire:		
			Away:		Location:			Scorer:		

No#	Players	Pos	1	2	3	4	5	6	7	8	9	10	AB	H	BB	RBI	R			

Totals

	1	2	3	4	5	6	7	8	9	10
Runs										
Hits										
Errors										
Left on Base										

#	Pitchers	W/L/S	IP	H	R	ER	BB	SO	HB	BK	WP	TBF	#	Catchers	PB

Umpires		Notes:
HP:	1B:	
2B:	3B:	

Date:	Time:	Field:

Team	Opponent
Coach	Coach

	No.	Starters	Pos.
1			
2			
3			
4			
5			
6			
7			
8			
9			
10			
11			
12			
13			
14			
15			
16			
17			
18			
19			

No.	Substitutes	Pos.

Notes:

Home:	Date:	Umpire:
Away:	Location:	Scorer:

No#	Players	Pos	1	2	3	4	5	6	7	8	9	10	AB	H	BB	RBI	R			

Totals

	1	2	3	4	5	6	7	8	9	10
Runs										
Hits										
Errors										
Left on Base										

#	Pitchers	W/L/S	IP	H	R	ER	BB	SO	HB	BK	WP	TBF	#	Catchers	PB

Umpires		Notes: _____
HP:	1B:	_____
2B:	3B:	_____

Date:		Time:		Field:	

Team		Opponent	
Coach		Coach	

	No.	Starters	Pos.		No.	Substitutes	Pos.
1							
2							
3							
4							
5							
6							
7							
8							
9							
10							
11							
12							
13							
14							
15							
16							
17							
18							
19							

Notes:

			Home:		Date:			Umpire:		
			Away:		Location:			Scorer:		

No#	Players	Pos	1	2	3	4	5	6	7	8	9	10	AB	H	BB	RBI	R			
															Totals			

	1	2	3	4	5	6	7	8	9	10
Runs										
Hits										
Errors										
Left on Base										

#	Pitchers	W/L/S	IP	H	R	ER	BB	SO	HB	BK	WP	TBF	#	Catchers	PB

Umpires		Notes:
HP:	1B:	
2B:	3B:	

Date:	Time:	Field:

Team	Opponent
Coach	Coach

	No.	Starters	Pos.
1			
2			
3			
4			
5			
6			
7			
8			
9			
10			
11			
12			
13			
14			
15			
16			
17			
18			
19			

No.	Substitutes	Pos.

Notes:

Home:	Date:	Umpire:
Away:	Location:	Scorer:

No#	Players	Pos	1	2	3	4	5	6	7	8	9	10	AB	H	BB	RBI	R			

Totals

	1	2	3	4	5	6	7	8	9	10
Runs										
Hits										
Errors										
Left on Base										

#	Pitchers	W/L/S	IP	H	R	ER	BB	SO	HB	BK	WP	TBF	#	Catchers	PB

Umpires		Notes:
HP:	1B:	
2B:	3B:	

Date:	Time:	Field:

Team	Opponent
Coach	Coach

	No.	Starters	Pos.
1			
2			
3			
4			
5			
6			
7			
8			
9			
10			
11			
12			
13			
14			
15			
16			
17			
18			
19			

No.	Substitutes	Pos.

Notes: _____

_____

_____

_____

_____

Home:		Date:		Umpire:	
Away:		Location:		Scorer:	

No#	Players	Pos	1	2	3	4	5	6	7	8	9	10	AB	H	BB	RBI	R			
													Totals						

	1	2	3	4	5	6	7	8	9	10
Runs										
Hits										
Errors										
Left on Base										

#	Pitchers	W/L/S	IP	H	R	ER	BB	SO	HB	BK	WP	TBF	#	Catchers	PB

Umpires	
HP:	1B:
2B:	3B:

Notes: _____

_____

_____

Date:	Time:	Field:

Team		Opponent	
Coach		Coach	

	No.	Starters	Pos.		No.	Substitutes	Pos.
1							
2							
3							
4							
5							
6							
7							
8							
9							
10							
11							
12							
13							
14							
15							
16							
17							
18							
19							

Notes:

Home:			Date:			Umpire:		
Away:			Location:			Scorer:		

No#	Players	Pos	1	2	3	4	5	6	7	8	9	10	AB	H	BB	RBI	R		
																			Totals

	1	2	3	4	5	6	7	8	9	10
Runs										
Hits										
Errors										
Left on Base										

#	Pitchers	W/L/S	IP	H	R	ER	BB	SO	HB	BK	WP	TBF	#	Catchers	PB

Umpires	
HP:	1B:
2B:	3B:

Notes: _____

_____

_____

Date:	Time:	Field:

Team	Opponent
Coach	Coach

	No.	Starters	Pos.
1			
2			
3			
4			
5			
6			
7			
8			
9			
10			
11			
12			
13			
14			
15			
16			
17			
18			
19			

No.	Substitutes	Pos.

Notes: _____

_____

_____

_____

Home:			Date:			Umpire:		
Away:			Location:			Scorer:		

No#	Players	Pos	1	2	3	4	5	6	7	8	9	10	AB	H	BB	RBI	R			
													Totals						

	1	2	3	4	5	6	7	8	9	10
Runs										
Hits										
Errors										
Left on Base										

#	Pitchers	W/L/S	IP	H	R	ER	BB	SO	HB	BK	WP	TBF	#	Catchers	PB

Umpires		Notes: _____
HP:	1B:	_____
2B:	3B:	_____

Date:	Time:	Field:

Team	Opponent
Coach	Coach

	No.	Starters	Pos.		No.	Substitutes	Pos.
1							
2							
3							
4							
5							
6							
7							
8							
9							
10							
11							
12							
13							
14							
15							
16							
17							
18							
19							

Notes:

Home:			Date:				Umpire:			
Away:			Location:				Scorer:			

No#	Players	Pos	1	2	3	4	5	6	7	8	9	10	AB	H	BB	RBI	R			

Totals

	1	2	3	4	5	6	7	8	9	10
Runs										
Hits										
Errors										
Left on Base										

#	Pitchers	W/L/S	IP	H	R	ER	BB	SO	HB	BK	WP	TBF	#	Catchers	PB

Umpires		Notes:
HP:	1B:	
2B:	3B:	

Date:	Time:	Field:

Team	Opponent
Coach	Coach

	No.	Starters	Pos.		No.	Substitutes	Pos.
1							
2							
3							
4							
5							
6							
7							
8							
9							
10							
11							
12							
13							
14							
15							
16							
17							
18							
19							

Notes:

Home:	Date:	Umpire:
Away:	Location:	Scorer:

No#	Players	Pos	1	2	3	4	5	6	7	8	9	10	AB	H	BB	RBI	R			
																	Totals			

	1	2	3	4	5	6	7	8	9	10
Runs										
Hits										
Errors										
Left on Base										

#	Pitchers	W/L/S	IP	H	R	ER	BB	SO	HB	BK	WP	TBF	#	Catchers	PB

Umpires		Notes:
HP:	1B:	
2B:	3B:	

Date:		Time:		Field:	

Team		Opponent	
Coach		Coach	

	No.	Starters	Pos.		No.	Substitutes	Pos.
1							
2							
3							
4							
5							
6							
7							
8							
9							
10							
11							
12							
13							
14							
15							
16							
17							
18							
19							

Notes:

Home:		Date:		Umpire:	
Away:		Location:		Scorer:	

No#	Players	Pos	1	2	3	4	5	6	7	8	9	10	AB	H	BB	RBI	R			
													Totals						

	1	2	3	4	5	6	7	8	9	10
Runs										
Hits										
Errors										
Left on Base										

#	Pitchers	W/L/S	IP	H	R	ER	BB	SO	HB	BK	WP	TBF	#	Catchers	PB

Umpires	
HP:	1B:
2B:	3B:

Notes: _____
_____
_____

Date:	Time:	Field:

Team	Opponent
Coach	Coach

	No.	Starters	Pos.		No.	Substitutes	Pos.
1							
2							
3							
4							
5							
6							
7							
8							
9							
10							
11							
12							
13							
14							
15							
16							
17							
18							
19							

Notes: _____

_____

_____

_____

_____

Home:		Date:		Umpire:
Away:		Location:		Scorer:

No#	Players	Pos	1	2	3	4	5	6	7	8	9	10	AB	H	BB	RBI	R			

Totals

	1	2	3	4	5	6	7	8	9	10
Runs										
Hits										
Errors										
Left on Base										

#	Pitchers	W/L/S	IP	H	R	ER	BB	SO	HB	BK	WP	TBF	#	Catchers	PB

Umpires		Notes: _____
HP:	1B:	_____
2B:	3B:	_____

Date:		Time:		Field:	

Team		Opponent	
Coach		Coach	

	No.	Starters	Pos.		No.	Substitutes	Pos.
1							
2							
3							
4							
5							
6							
7							
8							
9							
10							
11							
12							
13							
14							
15							
16							
17							
18							
19							

Notes: _____

_____

_____

_____

_____

Home:	Date:	Umpire:
Away:	Location:	Scorer:

No#	Players	Pos	1	2	3	4	5	6	7	8	9	10	AB	H	BB	RBI	R			

Totals

	1	2	3	4	5	6	7	8	9	10
Runs										
Hits										
Errors										
Left on Base										

#	Pitchers	W/L/S	IP	H	R	ER	BB	SO	HB	BK	WP	TBF	#	Catchers	PB

Umpires		Notes:
HP:	1B:	
2B:	3B:	

Date:	Time:	Field:

Team	Opponent
Coach	Coach

	No.	Starters	Pos.		No.	Substitutes	Pos.
1							
2							
3							
4							
5							
6							
7							
8							
9							
10							
11							
12							
13							
14							
15							
16							
17							
18							
19							

Notes:

			Home:		Date:		Umpire:	
			Away:		Location:		Scorer:	

No#	Players	Pos	1	2	3	4	5	6	7	8	9	10	AB	H	BB	RBI	R			
												Totals								

	1	2	3	4	5	6	7	8	9	10
Runs										
Hits										
Errors										
Left on Base										

#	Pitchers	W/L/S	IP	H	R	ER	BB	SO	HB	BK	WP	TBF	#	Catchers	PB

Umpires		Notes: _____
HP:	1B:
2B:	3B:

Notes: _____
_____
_____

Date:	Time:	Field:

Team	Opponent
Coach	Coach

	No.	Starters	Pos.		No.	Substitutes	Pos.
1							
2							
3							
4							
5							
6							
7							
8							
9							
10							
11							
12							
13							
14							
15							
16							
17							
18							
19							

Notes: _____

_____

_____

_____

_____

Home:		Date:		Umpire:	
Away:		Location:		Scorer:	

No#	Players	Pos	1	2	3	4	5	6	7	8	9	10	AB	H	BB	RBI	R			
												Totals							

	1	2	3	4	5	6	7	8	9	10
Runs										
Hits										
Errors										
Left on Base										

#	Pitchers	W/L/S	IP	H	R	ER	BB	SO	HB	BK	WP	TBF	#	Catchers	PB

Umpires	
HP:	1B:
2B:	3B:

Notes: _____
_____
_____

Date:	Time:	Field:

Team	Opponent
Coach	Coach

	No.	Starters	Pos.		No.	Substitutes	Pos.
1							
2							
3							
4							
5							
6							
7							
8							
9							
10							
11							
12							
13							
14							
15							
16							
17							
18							
19							

Notes: _____

_____

_____

_____

_____

Home:		Date:		Umpire:	
Away:		Location:		Scorer:	

No#	Players	Pos	1	2	3	4	5	6	7	8	9	10	AB	H	BB	RBI	R			

Totals

	1	2	3	4	5	6	7	8	9	10
Runs										
Hits										
Errors										
Left on Base										

#	Pitchers	W/L/S	IP	H	R	ER	BB	SO	HB	BK	WP	TBF	#	Catchers	PB

Umpires	
HP:	1B:
2B:	3B:

Notes: _____
_____
_____

Date:	Time:	Field:

Team		Opponent	
Coach		Coach	

	No.	Starters	Pos.	No.	Substitutes	Pos.
1						
2						
3						
4						
5						
6						
7						
8						
9						
10						
11						
12						
13						
14						
15						
16						
17						
18						
19						

Notes: _____

_____

_____

_____

Home:			Date:			Umpire:	
Away:			Location:			Scorer:	

No#	Players	Pos	1	2	3	4	5	6	7	8	9	10	AB	H	BB	RBI	R			
													Totals							

	1	2	3	4	5	6	7	8	9	10
Runs										
Hits										
Errors										
Left on Base										

#	Pitchers	W/L/S	IP	H	R	ER	BB	SO	HB	BK	WP	TBF	#	Catchers	PB

Umpires	
HP:	1B:
2B:	3B:

Notes: _____

_____

_____

	Date:		Time:		Field:	

Team	
Coach	

Opponent	
Coach	

	No.	Starters	Pos.
1			
2			
3			
4			
5			
6			
7			
8			
9			
10			
11			
12			
13			
14			
15			
16			
17			
18			
19			

No.	Substitutes	Pos.

Notes:

Home:	Date:	Umpire:
Away:	Location:	Scorer:

No#	Players	Pos	1	2	3	4	5	6	7	8	9	10	AB	H	BB	RBI	R			

Totals

	1	2	3	4	5	6	7	8	9	10
Runs										
Hits										
Errors										
Left on Base										

#	Pitchers	W/L/S	IP	H	R	ER	BB	SO	HB	BK	WP	TBF	#	Catchers	PB

Umpires		Notes:
HP:	1B:	
2B:	3B:	

	Date:		Time:		Field:	

Team		Opponent	
Coach		Coach	

	No.	Starters	Pos.		No.	Substitutes	Pos.
1							
2							
3							
4							
5							
6							
7							
8							
9							
10							
11							
12							
13							
14							
15							
16							
17							
18							
19							

Notes: _____

_____

_____

_____

_____

Home:	Date:	Umpire:
Away:	Location:	Scorer:

No#	Players	Pos	1	2	3	4	5	6	7	8	9	10	AB	H	BB	RBI	R			

Totals

	1	2	3	4	5	6	7	8	9	10
Runs										
Hits										
Errors										
Left on Base										

#	Pitchers	W/L/S	IP	H	R	ER	BB	SO	HB	BK	WP	TBF	#	Catchers	PB

Umpires		Notes:
HP:	1B:	
2B:	3B:	

Date:	Time:	Field:

Team	Opponent
Coach	Coach

	No.	Starters	Pos.		No.	Substitutes	Pos.
1							
2							
3							
4							
5							
6							
7							
8							
9							
10							
11							
12							
13							
14							
15							
16							
17							
18							
19							

Notes: _____

_____

_____

_____

_____

Home:		Date:		Umpire:	
Away:		Location:		Scorer:	

No#	Players	Pos	1	2	3	4	5	6	7	8	9	10	AB	H	BB	RBI	R			

Totals

	1	2	3	4	5	6	7	8	9	10
Runs										
Hits										
Errors										
Left on Base										

#	Pitchers	W/L/S	IP	H	R	ER	BB	SO	HB	BK	WP	TBF	#	Catchers	PB

Umpires		Notes:
HP:	1B:	
2B:	3B:	

Date:	Time:	Field:

Team	Opponent
Coach	Coach

	No.	Starters	Pos.		No.	Substitutes	Pos.
1							
2							
3							
4							
5							
6							
7							
8							
9							
10							
11							
12							
13							
14							
15							
16							
17							
18							
19							

Notes: _____

_____

_____

_____

_____

Home:	Date:	Umpire:
Away:	Location:	Scorer:

No#	Players	Pos	1	2	3	4	5	6	7	8	9	10	AB	H	BB	RBI	R			

Totals

	1	2	3	4	5	6	7	8	9	10
Runs										
Hits										
Errors										
Left on Base										

#	Pitchers	W/L/S	IP	H	R	ER	BB	SO	HB	BK	WP	TBF	#	Catchers	PB

Umpires		Notes:
HP:	1B:	
2B:	3B:	

| | Date: | | Time: | | Field: | |

| | Team | | | Opponent | |
| | Coach | | | Coach | |

	No.	Starters	Pos.		No.	Substitutes	Pos.
1							
2							
3							
4							
5							
6							
7							
8							
9							
10							
11							
12							
13							
14							
15							
16							
17							
18							
19							

Notes:

No#	Players	Pos	1	2	3	4	5	6	7	8	9	10	AB	H	BB	RBI	R			

Totals

	1	2	3	4	5	6	7	8	9	10
Runs										
Hits										
Errors										
Left on Base										

#	Pitchers	W/L/S	IP	H	R	ER	BB	SO	HB	BK	WP	TBF	#	Catchers	PB

Umpires	
HP:	1B:
2B:	3B:

Notes: _____

_____

_____

Home:

Away:

Date:

Location:

Umpire:

Scorer:

Date:	Time:	Field:

Team	Opponent
Coach	Coach

	No.	Starters	Pos.		No.	Substitutes	Pos.
1							
2							
3							
4							
5							
6							
7							
8							
9							
10							
11							
12							
13							
14							
15							
16							
17							
18							
19							

Notes: _____

_____

_____

_____

_____

Home:			Date:		Umpire:	
Away:			Location:		Scorer:	

No#	Players	Pos	1	2	3	4	5	6	7	8	9	10	AB	H	BB	RBI	R			
												Totals							

	1	2	3	4	5	6	7	8	9	10
Runs										
Hits										
Errors										
Left on Base										

#	Pitchers	W/L/S	IP	H	R	ER	BB	SO	HB	BK	WP	TBF	#	Catchers	PB

Umpires		Notes:
HP:	1B:	
2B:	3B:	

Date:	Time:	Field:

Team	Opponent
Coach	Coach

	No.	Starters	Pos.		No.	Substitutes	Pos.
1							
2							
3							
4							
5							
6							
7							
8							
9							
10							
11							
12							
13							
14							
15							
16							
17							
18							
19							

Notes: _____

_____

_____

_____

_____

Home:		Date:		Umpire:	
Away:		Location:		Scorer:	

No#	Players	Pos	1	2	3	4	5	6	7	8	9	10	AB	H	BB	RBI	R			
														Totals					

	1	2	3	4	5	6	7	8	9	10
Runs										
Hits										
Errors										
Left on Base										

#	Pitchers	W/L/S	IP	H	R	ER	BB	SO	HB	BK	WP	TBF	#	Catchers	PB

Umpires	
HP:	1B:
2B:	3B:

Notes: _____

_____

_____

	Date:		Time:		Field:	

Team	Opponent
Coach	Coach

	No.	Starters	Pos.		No.	Substitutes	Pos.
1							
2							
3							
4							
5							
6							
7							
8							
9							
10							
11							
12							
13							
14							
15							
16							
17							
18							
19							

Notes: _____

_____

_____

_____

_____

Home:	Date:	Umpire:
Away:	Location:	Scorer:

No#	Players	Pos	1	2	3	4	5	6	7	8	9	10	AB	H	BB	RBI	R		

Totals

	1	2	3	4	5	6	7	8	9	10
Runs										
Hits										
Errors										
Left on Base										

#	Pitchers	W/L/S	IP	H	R	ER	BB	SO	HB	BK	WP	TBF	#	Catchers	PB

Umpires	
HP:	1B:
2B:	3B:

Notes: _____
_____
_____

Date:	Time:	Field:

Team	Opponent
Coach	Coach

	No.	Starters	Pos.		No.	Substitutes	Pos.
1							
2							
3							
4							
5							
6							
7							
8							
9							
10							
11							
12							
13							
14							
15							
16							
17							
18							
19							

Notes:

Home:	Date:	Umpire:
Away:	Location:	Scorer:

No#	Players	Pos	1	2	3	4	5	6	7	8	9	10	AB	H	BB	RBI	R			

Totals

	1	2	3	4	5	6	7	8	9	10
Runs										
Hits										
Errors										
Left on Base										

#	Pitchers	W/L/S	IP	H	R	ER	BB	SO	HB	BK	WP	TBF	#	Catchers	PB

Umpires		Notes: _____
HP:	1B:	_____
2B:	3B:	_____

Date:	Time:	Field:

Team	Opponent
Coach	Coach

	No.	Starters	Pos.		No.	Substitutes	Pos.
1							
2							
3							
4							
5							
6							
7							
8							
9							
10							
11							
12							
13							
14							
15							
16							
17							
18							
19							

Notes: _____

_____

_____

_____

_____

Home:	Date:	Umpire:
Away:	Location:	Scorer:

No#	Players	Pos	1	2	3	4	5	6	7	8	9	10	AB	H	BB	RBI	R			

Totals

	1	2	3	4	5	6	7	8	9	10
Runs										
Hits										
Errors										
Left on Base										

#	Pitchers	W/L/S	IP	H	R	ER	BB	SO	HB	BK	WP	TBF	#	Catchers	PB

Umpires	
HP:	1B:
2B:	3B:

Notes: _____
_____
_____

Manufactured by Amazon.ca
Acheson, AB